Lorenz Heiß

Mittn aus'm Lebn

A Berchtsgadner sinniert

Heitere und besinnliche Verserl in boarischer Mundart

Titelbild und Zeichnungen von Rudi Plieninger

Impressum:

Griesstätterstraße 1, D-83471 Berchtesgaden

Printed in Germany
Gesamtherstellung: Berchtesgadener Anzeiger

ISBN 3-925647-15-5

Lorenz Heiß
Berchtesgaden
geb. 1944 in Bischofswiesen
Hochaulehen

Rudi Plieninger
Berchtesgaden
geb. 1929 in Karlstein

Boarisch schreibn

Schreibt man Leben jezat "Lebn"
oder "Leem" mit zwoa "ee",
wenn was gfoit, schreibt ma "schö"
oder is de Schreibweise "schee"?
Boarisch schreibn, des is schwierig,
wia schreibt ma "Not" oder "Welt"?
Für manche Laute im Dialekt
de Darstellung fehlt.
Für des "el" in der Welt
paßt koa "oi" und koa "ai"
und der Selbstlaut von Not
müaßt a offens "o" sei.
I schreib so, daß ma's leicht lesn ko
und wem mei Schreibweise stört,
weil er moant, daß in da Mundart
des anders gschriebn ghört,
dem gib i den guadn Rat,
damit er mit mir is zufriedn
soi er's anders aussprechn,
ois wia i des hab gschriebn!

Inhaltsverzeichnis:

Mittn aus'm Lebn

Wenn i Zeit hab, dua i Verserl machn,
zum Grüaben, Schmunzeln und zum Lachn.
I forsch gern nach dem tiafern Sinn,
oft schau i nur zua oder horch grad hin.
De Themen duan sich dann ergebn,
san Gschichtn mittn aus'm Lebn!

A Foto zoagt di wiast bist

Wia i von unserm letztn Treffn
hab de Fotos herzoagt, de i gmacht,
habn alle glei nur auf sich selbst,
auf's eigne Ausschaun gacht.
A jeder gibt sein Kommentar
und koaner duad sich gfoin,
sie duan fast so, ois hättert i
de schiachn Buidl gmoin.

"Mei schau i blöd, i bitt di schee,
dua de Aufnahm schnell wegschmeißn,
so zwieder, zraft, ja ganz entstellt,
am liabstn daad ich's zreißn."
"Warum hast mi von da Seitn knipst?
Von vorn war's doch aa ganga.
Mit dem Trum Bauch, da schau i aus,
wia im neuntn Monat schwanga."
"O mei, i hab de Augen zua,
des Blitzliacht hat mi blendt."
"Bin i des, der so komisch lacht?
I hätt mi fast ned kennt."
"Wia kann ma mi ois schwache Frau,
wenn i mi buck, von hint ablichtn?
Jetzt werdn's mi glei, obwoi's ned stimmt,
zweng dem großn Arsch ausrichtn."

I hör dem Gred a zeitlang zua,
doch dann platzt mia da Kragn:
"Der Fotograf kann nix dafür,
des muaß i euch scho sagn.
De Buidl, de san wunderschee,
gstochn scharf und ganz akkurat,
doch mei Foto is - es duad mia leid -
koa Verschönerungsapparat!"

Ganz da Papa

Fast alle Väter moanan stoiz,
ihr Sohn is gschnitzt nur aus ihrem Hoiz.
Und wenn des Büabei macht a Freid
oder wenn's dazualernt mit da Zeit,
"ganz da Papa" hoaßt's sofort,
von da Mama sagn's koa oanzigs Wort.

Kaum auf der Welt, lobt er: "De Stirn
hat da Bua von mia. - Der hat a Hirn!
A buidsaubers Kindl zoag i euch,
was sagt's, es schaut seim Papa gleich."
Da Kloa wenn lacht, sagt er: "Schau hi,
der is so freindlich ois wia i.
Wia der schnell 's Redn und 's Laufn ko,
er schlagt mia nach, des siagt ma scho."
Woas er a gscheide Antwort, wenn s'n fragn,
ganz klar, vom Vater san de Erbanlagn.
Des Radfahrn, Schifahrn und des Schwimma,
hat er spontan wia da Papa kinna.
Und hat's aa oft ned glei hinghaut,
da hat ma einfach wegatgschaut.

In da Schui is er dann sitznbliebn,
zwoa Bombn-Sechser hat er gschriebn.
Des Fräulein moant: "Er is blitzdumm
und druckt sich auch um 's Lernen rum."
"Was is da Grund"? duad sie da fragn.
Da hörst a'n Vater sogleich sagn:
"Es duad mia leid, es is zum schama,
doch i woas, des hat er von da Mama!"

Warum die Illusionen rauben?
Laßt's hoit dem Vater seinen Glauben.
Kunnt man bei ihm ins Zeugnis schaun,
de Augen daad ma da kaum traun,
drum hat er des ganz strickt verbotn,
denn da Bua hat no de bessern Notn!

In da Sauna
verliert ma de Pfunde im Sitzn ...

Da Zoaga da Waag zoagt mehr o, - 5 Pfund,
ma werd scho ganz zwieda, des is nimma gsund.
Ins Gwand fühlt ma sich aa so einezwängt
und schee is des ned, wia da Bauch abehängt.
Man müaßat gar ebba beim Essn sparn
und derfat nimma so vui mit'm Auto rumfahrn.
Spazierngehn und schwimma und umanandlafn
und sich öfter a Hoibe Bier weniger kafn.
Doch des is, wia's wißts, gar ned so leicht
und weil's Gwicht ned so schnell wia's kimmt wieda weicht,
erinnert ma sich gern an des gsunde Schwitzn.
In da Sauna verliert ma de Pfunde im Sitzn.

Man richt sich glei 's Köfferl mit'm Saunagwand,
ins Schwitzkastl geht's eine, a Tuach in da Hand.
Mit dem legt ma sich aufe auf de oberste Bank,
da obn werd ma sicher am schnellsten schee schlank.
Da schmort man und harrt aus, so ganz unverdrossn,
zwischen lauter gwamperten Leidensgenossn.
Drei Aufgüß lang laßt ma über sich des ergehn,
des Abnehma kann ma am Schweißausbruch sehn.
Danach kimmt ma raus und hat a'n mords Durst,
ma trinkt sei Maß Bier, ißt dazua no a Wurst.
Bevor ma sich gmüatlich legt dann zua Ruah,
gibts a Ripperl Schoklad, a paar Keks no dazua.

Und in da Fruah am nachstn Tag,
steigt ma erwartungsvoi wieder auf d' Waag.
"Ja gibts denn des a, des Luada spinnt,
i glab, daß de Waag scho lang nimma stimmt.
Koa Gramm zoagts weniger o, eher no mehr,
i moan, dem Gwicht werd i nimma her!"
Man stellt sich de Frag, "steht des denn dafür,
daß i jetzt werdn soi auf oamoi zaundürr?
De Dickn soin meistens vui gmüatlicher sein,
mein Bauch, wenn er stört - ja dann ziag i'n hoit ein!"

Wer war jetzt des?

"Ja Grüaß di Gott Lenze, daß mia uns moi wieder sehn."
"Ja Servus, Habe di Ehre, duads di aa no gebn."
"Wia gehts und wia stehts, was treibst du oids Haus?"
"Es geht, i bin zfriedn, i kimm ganz guad aus!"
"War des damois a Gaudi, mia habn vielleicht glacht."
"Ja, ja es war schee, es hat a Freud gmacht."
"So a pfundige Zeit vergißt ma gar nia."
"Ja, ja mia gehts aa so, es war scho ned schia."
"Schön Gruaß an dein Nachbarn, du woast wen i moan
und oi's Guade für dei Frau und deine Kinder dahoam."
"Ois Guade dir aa und grüaß alle recht schee,
Pfüat di Gott, mia pressiert's, i muaß wieder geh."

Wer is des jetzt gwesn? I werd ma net schlau,
schnell geh i hoam und frag dahoam d' Frau.

"Wer kunnt denn des gwen sein? I woas, i kenn ihn guad,
so a Kloaner, a Blonder, er tragt meistens a'n Huat."
Sie sagt: "Hättst'n gfragt, dann wissatst wer er is."
Doch des Nachfragn is problematisch, des woas i ganz gwiß.
"Der is stoiz wordn", moant da ander,
"er woit mi nimma kenna"
oder er moant: "Jetzt laßt er nach,
jetzt muaß ma sein Namen scho nenna."

I hab gwoat, daß er im Gspräch mir a Stichwörterl nennt,
kann grad hoffn, es hat ned so ausgschaut,
ois hätt i eahm ned kennt!

Blick in den Kinderwagen

"Ja wo is er denn? Ja da is er ja!
Ja was duad er denn? Da is da Onkl, da!
Ja du, du, du, du, du, hast du große Augn!
Ja ah, ah, ah, ah, ah, a so umananderschaun!
Ja in dei'm Bettile, da kannst du lachen
und mit de Handile, duast Feistei machen.
Ja des liabe Butzile", sag i beflissen,
"schaut ihrem Mo ganz gleich, wia obagrissn.
Ja wo is er denn?
Ja da is er ja!
Ja wia hoaßt er denn?"

"Ja s i e hoaßt Erika!
Und i fahr's grad spaziern,
weil d' Nachbarin duad d' Wäsch einweichn
und i hoff i h r Dirndl duad
m e i ' m Mo ned gar so gleichn!"

Schuischwanzn

Da Fritzl fehlt im Unterricht
und scho am nachstn Tag,
glei in da Fruah, man kennt des ja,
stellt d' Lehrerin de Frag:
"Wo warst du gestern lieber Fritz?
Sei ehrlich, sag es mir!"

Da Fritzl druckt herum und schwitzt,
drauf sagt er dann zu ihr:
"I hab dahoam da Mama ghoifn,
a Krankheit duad sie plagn.
Es kunnt leicht sei, daß mir's gar boid
zu Grabe müaßn tragn."

"Was fehlt ihr denn?" fragt sie bestürzt.
"Des kann doch fast ned sein!
I hab sie kürzlich troffn erst,
foid mir da grad no ein.
Da war sie pumperlgsund - i glab,
du hast nur gschwanzt de Schui
und jetzt lüagst du mi aa no o,
des werd mir fei fast z'vui."

"Mit'm Schuischwanzn habn sie scho recht,
doch ob i glogn hab, wird man sehn,
des hängt alloa von eahna ab,
wia's da Mama werd ergehn.
Wenn sie's erzähln, daß i blau gmacht hab,
dann stimmt des, was i sag,
dann geht's da Mama gwiß ned guad,
es trifft sie glatt da Schlag!"

Ausgschimpft

“Kimm trink ma no was, oa Maß waar no guad!”

“Ja Kreizsappradi hast du heut a’n Muat!
Sunst machst zweng deiner Frau jedsmoi so a Gschiß.
Hast eigentlich mitkriagt wia spat daß scho is?”

“Ah geh, mia waar’s liaber, wenns no spater waar.”

“Warum waar dir des liaber? Des is ma ned klar.”

“Ja mei, weil’s hoit dann koan Spektakl mehr gab
und i scho fertig ausgschimpft in meim Bett drinnen lag!”

Da Kapellmoaster

In unserm Orchester werd oftmois foisch gspuit.
Wer blast da verkehrt, wem trifft da de Schuid?
Unser Trompeter duad jedsmoi a Theater vollbringa,
er duad, ois daad er scho a’n Taktsteckn schwinga.
I sag euch wia’s is, des is ja des Schöne,
von eahm selber kemman meistens de unreinen Töne.

Da oid Dirigent is ganz plötzlich verstorbn,
da Trompeter is da neue Kapellmoaster wordn.
Jetzt derf er uns dirigiern, endlich hat er sein Wuin,
mia habn ihn einstimmig gwählt,
dann kann er nie mehr foisch spuin.

Als Nachspeise "Schinkn"

Mit a Nachspeise wui i mei Mahlzeit abschliaßn.
I steh voi auf "Süaß", obwoi i woas, i muaß's büaßn.
De Speiskartn zoagt lauter leckere Sachn,
ois Schmankerl de oan dicker machn.

Nach Himbeereis mit "Schlag",
zoagt's mehr o de Waag!
Mit Kuachn und Strudl,
gehst ausananda wia a Nudl!
Creme Mousso(n)?
Am Bauch schlagt's o!
Creme Chocola(t)?
Da Arsch werd schwa!
Mit "Tirami su",
werst fett im Nu!

Was soi i nur grad für a Nachspeise wähln?
"A Schinkn macht ned dick", duad mei Frau mir empfehln!
Da foid ma was ein, i dua de Bedienung herwinkn
und bstell ma a'n riesign "Marillnpalatschinkn"!

De Todsünd

"O Jesus mein, verstoß mich nicht,
i knia vor deinem Angesicht.
Ja, i hab gsündigt, dua's berein,
vergib die Schuid, dua mia verzeihn.
I schütt dir aus mei Kinderherz,
für uns hast glittn Pein und Schmerz."

Des Vronerl kniat im Beichtstui drin
und beugt sich nah an's Gitter hin.
Ihr Gwissn hat sie lang befragt,
am Pfarrer sie jetzt alles sagt.
Dem Dirndl foit des gwiß ned leicht,
es is ihr allererste Beicht.

"A paarmoi hab i d' Mess versamt,
im Unterricht, da hab i dramt.
Zwoa Stricknadln hab i verbogn
und unser Katz am Schwanz ozogn.
Mein kloaner Bruader hab i gneckt
und meiner Tant de Zung rausbleckt.
As Betn a paarmoi vergessn
und öfter a'n Spinat ned gessn.
An Honig gnascht, draußt in da Speis,
aa zwergst war i und des mit Fleiß.
An Opa hab i d' Bruin versteckt,
an Huaber Loisl 's Hackei glegt.
Da Mama werd's scho aa oft zvui,
weil i ihr seltn 's Gschirr abspui
und soi i moi as Hoiz reitragn,
so muaß sie mir des öfters sagn."

Ois war anSündn nix dabei,
zählt's auf a ganze Litanei.
Des Vronerl is scho ganz versessn,
hoffentlich hat's nix vergessn.
Sie hat glernt in da Religion,
nur so kriagt ma d' Absolution.

Auf Nummer Sicher wui sie gehn,
nur ja koa Sündn übersehn.
Hat's siebnmoi glogn, so sagt sie acht
und hat aa Unkeusches gedacht,
obwoi bis heut ihr ned is klar
was Unkeuschheit denn eignlich war.
Und fremde Götter hätt's verehrt,
von andren Hab und Gut begehrt.
Im Gwissn hat's vergeblich gsuacht,
trotzdem sagt sie, sie hat aa gfluacht.
Vor lauter Sicherheitsverlangen
sagt's no - a Todsünd hätt's begangen.

Da Pfarrer hat bis jetzt zuaghört,
es hat ihn ehrlich gsagt scho gstört,
daß grad de Bravste von da Schui
duad Sündn beichtn gar so vui.
De Todsünd hat'n dann aufgschreckt,
de hat jetzt seine Neugier gweckt.
"Was hast du denn so Schlimmes do?"
Knoirot laft jetzt des Vronerl o!
Verpfuscht is ihre Beicht ganz gwiß,
sie woas ned was a Todsünd is.

Da Hochwürdn, der lächelt mild.
Ja, jezat is auch er im Bild.
"Du duast heut fromm vor'm Herrgott knien,
all deine Sündn san verziehn."
Drei Kreuzeszeichn macht er drauf
und gibt ihr dann ois Buße auf:
"Im Katechismus dua nachschlagn,
was da so von da Todsünd sagn
und oa Kapitl bsunders lies,
wo steht, daß Gott allwissend is.
Gelobt sei da Herr in Ewigkeit,
beim Beichtn braucht's koa Sicherheit!"

Fünf Dirndl

Da Bauer is grad Vater wordn,
sie zoagn eahm den kloan Wurm,
seit seiner Heirat wünscht er sich
ois Stammhoiter a'n Buam.

Des kloane Butzerl is kerngsund,
hat alle seine Glieder,
nur oa kloans Glied, siagt er, des fehlt,
er schaut a wenkerl zwieder.

De Bäurin is besorgt um ihn,
sie hofft, er werd's verschmerzn,
legt's Dirnei glei in seine Händ
und duad a bisserl scherzn:
"Geh Vater, sag was druckt di denn,
es gibt doch gwiß koan Grund,
hast selber gern de Dirndl mögn,
schau Hauptsach oi's is gsund!
Für unsern Hof, da kriagn mia scho
a'n Buam, der Bauer werd,
solang duan mia hoit rumprobiern,
bis uns da Herr erhört."

Fünf Jahr san drauf verganga scho,
fünfmoi war d' Bäurin schwanga,
hat a Reserl, Christl, Vroni, Burgl
und desmoi hoaßt sie's Anna.

Fünf Dirndl, hat da Bauer jetzt,
bei der Geburt is er saugrantig,
da werd's da Bäurin aa zu dumm,
drum sagt's zu eahm ganz hantig:
"Da Tierarzt hat ma neulich gsagt,
bei uns Menschen is wia bei de Küah,
wenn a Kuah oiwei Kuahkaiben kriagt,
soit ma schaun um a'n andern Stier."

Da zaache Löwenzahn

A'n Englischen Rasn hat er ausgsaat,
hat ihn pflegt, hat ihn dungt, fast jede Woch gmaht.
Als hätt da Löwenzahn in da Natur was verbrochn,
werd jeds oanzelne Pflanzerl aus'm Rasn rausgstochn.
Doch trotz dieser Arbat, werdn's jedes Jahr mehr,
da Gartenfreund werd diesem Bleamerl ned her.
Und weil ihn de goidgelbn Blütn scheniern,
duad er's heuer mit Unkrautvertilger probiern.
Doch wer den zaachn Löwenzahn kennt,
der woas, da is z'erst da Englich Rasn verbrennt.

Unser Freund kriagt a Wuat, er legt Pflasterstoana,
daß er oiwei sei Ruah hat, duad er dabei moana.
Doch im Fruahjahr duad er seine Augn kaum traun,
aus sämtlichen Ritzen siagst a'n Löwenzahn schaun.

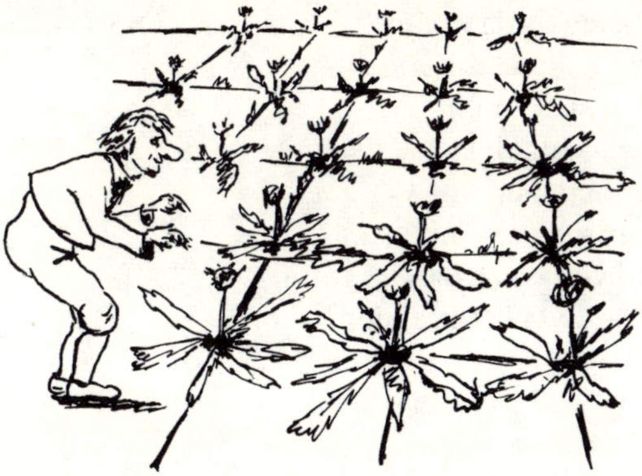

Nackat wiegn

Da Bua mustert sei Dirndl
mit kritischem Blick:
“I glab du hast zuagnumma,
du werst ganz schee dick!”

Ganz beleidigt sagt sie:
“I hoit oiwei mei Gwicht!”
Doch beim Wiegn moant sie zerst,
d’ Waag, de stimmt nicht!
“Vielleicht macht’s Gwand mi aa schwara!
I bin vui z’vui verpackt!”

Ungeniert legt sie ab,
ziagt sich aus splitternackt.
Nach und nach is de Anzeig
an kloan Rucker zruckganga,
doch mit jedem Trumm des sie weglegt,
steigt bei ihrm Freund des Verlanga.

Und plötzlich is da Zoaga
um achzig Kilo naufgschnellt,
denn er hat sich zu ihr
auf de Waage naufgstellt.
Es hat eahm dabei
ganz saggrisch pressiert
und koam von de zwoa
hat mehr ‘s Gwicht intressiert!

Was hast gsagt?

Was hast gsagt? Wie bitte!
Wiederhoi des noch amoi!
I versteh di schlecht, i muaß scho sagn,
oiwei öfters werd's da Foi.
Wenn du jetzt moanst, mei Ghör laßt nach,
kann i des ned verstehn,
du brauchst ja blos, wennst zu mia was sagst,
a bisserl lauter redn!

Zu kurze Arm

Danachst hab i a Zeitung glesn
mit kloane Buchstabn, enge Spoitn.
Mit'm Lesn is glei besser gwesn,
wenn ich d' Schrift dua weiter wegat hoitn.

I dua mi zwar no ned oid fuin,
vielleicht werdn d' Zeiln aa oiwei enger,
z'guaterletzt brauch i jetzt doch a Bruin,
denn meine Arm, de werdn ned länger!

Nix geht über FKK

Urlaub is, i suach a Sonne
drum fahr ich an de Adria.
Meer und Strand, des is a Wonne,
ich komme, Yugoslavia.
De weiße Jahreszeit is umma
und grad so weiß is meine Haut,
i wui mi bräunen für den Summa,
weil man sich sunst unter d'Leut ned traut.
FKK, des is jetzt gfragt,
ganz nahtlos soi de Bräune werdn
und nebn dem Bräunen, des sei gsagt,
siag i nackte Madl gern.

Der Zeltplatz is leicht überfüllt
und mia druckt's glei de Schusser raus,
fast alle Leut san unverhüllt,
i bin's ned gwohnt von mir zu Haus.
Mit den Klamotten hoaßt's jetzt runter,
i leucht so hell, wia frisch gebleicht,
im koitn Wasser tauch i unter,
bis d' erst Erregung von mir weicht.
Verlegn dua i dem Meer entsteign
und hoff, daß mich da koaner kennt,
so kasweiß will ich mich ned zeign,
jetzt Bauch nei und zum Handtuach grennt.
Leicht abseits leg i mi dann nieder,
zuvor a bisserl Crem auftragn,
zufrieden streck i alle Glieder
in d' Sunn - jetzt kann man Urlaub sagn.
Oi hoibe Stund dua i mi wendn,
verstoin schau i nach Frauen aus,
mit großen Busen, schmalen Lendn,
so wia ma's hat ned leicht zu Haus.
Mei Gsicht werd langsam immer länger,
wo san de Mädchen vom Prospekt?
Bis jetzt siag i nur schlappe Hänger,
koa straffer Po in d' Sunn sich reckt.

A truckns Brot war gar von Nöten,
a sovui Fett, des is ned guad,
mei Haut de duad sich langsam röten,
jetzt waar auch gfragt a Sonnenhuat.
Auf'n See-Igl bin i dann trettn,
au, wia des sticht, des is ned schee,
jetzt brauchat i hoit a Pinzettn,
dann kunnt i wenigstens gscheit gehn.
So humpelt i zurück zum Zelt,
da Schädl brummt von dera Hitz,
gstoinbleibn kann mir de ganze Welt,
da Hintern brennt, wenn i mi sitz.
An Pavian dua i jetzt gleichn,
den rotn Arsch - hab i jetzt auch,
de Schmerzn kann i nur ausweichn,
wenn i heut Nacht schlaf auf'n Bauch.
Da dua i voller Unruah drama,
von Schattn, Brotzeit und vom Bier,
dahoam daad i aa nix versama,
de schönen Mädchen san ned hier.
Schee langsam braun werdn war vui gsünder
und a Bikini duad aa reizn,
wenn ma ned siagt all diese Pfünder
und d' Fraun mit'm Stoff a wenig geizn.

So geht's im Traum de ganze Nacht.
Fahr i jetzt hoam? Oi's duad ma weh!
Ganz zeitn bin i dann aufgwacht,
da hoate Bodn treibt mi in d' Höh.
Und wia i dann in's Freie schau
und überleg, wia man sich fühlt,
siag i a fesche, junge Frau,
vor'm Nachbarzelt, ganz unverhüllt .
Wia de nackte Venus duad's da stehn,
buidsauber, wia ich's niamois sah,
da Sunnabrand, der werd vergehn,
- es geht doch nix über - FKK!

Des verschenkte Gschenk

Mei Schwester hat mi gladn ei,
sie sagt, i soi aa pünktlich sei
zu ihrm Geburtstag, 's gibt a Essn.
A Gschenk bsorgn hab i ganz vergessn!

Schnell werdn im Gartn Bleame klaut
und nach a'm guadn Tröpferl gschaut.
In a'm Regal im Keller druntn,
hab i was Ideales gfundn.

I woas, des Flascherl, des ghört mia,
schee eingwickelt is no im Gschenkpapier.
Am Hois hat's a gelbs Mascherl dro,
a Bsuach hat's bracht, des woas i no.

I lüft's Papier an oaner Eckn,
Spätburgunder, der werd ihr schmeckn.
Guat, daß i hab des Gschenk parat,
für was anders waar's jetzt eh scho z'spat.

"Ja grüaß Di Schwester, gsund soist sein!
Zum Fest de Bleame und a'n Wein.
Doch sag, was gibt's zweng meine Sachn
so fürchterlich bei dir zum lachn?"

Sie sagt: "I kann mir's ned verkneifn,
am Papier kenn ich's und an der Schleifn,
i hab des Flascherl Wein", sie lacht,
"letzts Jahr - dir zum Geburtstag bracht!"

Da Aff

I trag ‘s Töchterl im Gnack, führ a’n Buam an da Hand,
so renn i im August bei da Hitz
mit de Kinder scho drei Stund im Zoo ummanand,
‘s macht koa Freid, weil i a so schwitz.

A schattiger Biergartn, der waar jetzt gfragt.
Was hab i blos Schlimmes verbrochn?
Mei Frau hat heut früah ganz energisch glei gsagt:
“An Zoo hast uns lang scho versprochn.”

De Viecher sie dösn und liegn auf da fauln Haut,
im Schattn da laßt’s sich guad schlafn.
De Löwn, ‘s Kamel, mia habn oi’s scho ogschaut,
jetzt kemma zum Käfig mit de Affn.

Da oid Aff liegt da und duad oi’s von sich streckn,
sei Oide muaß’n krauln und entlausn.
Koana von de junga Affn traut sich eahm zu weckn,
vor dem Dunnerwetter duads eahna grausn.

Und wia i da steh und zu eahm einegaff,
denk i mir, des is für mich bitter,
zumindestens heut is ganz gwiß der da Aff,
der davor steht und ned der hinterm Gitter.

Da Rausch

Wia so a Rausch entsteht
und wia so was hergeht,
des kann nur oana fragn,
der von sich kann sagn,
ohne lüagn und ganz offn,
i hab nia zuvui gsoffn.

Doch de meistn, des is gwiß,
de wissen wia des is,
wia in a zünftign Rundn
oam Bier und Wein mundn.

'S is vielleicht, daß oam stinkt
und er deshoib mehra trinkt
oder daß er sich freit
und oziagt wia ned gscheit.
Doch aa ohne Grund
auf d' Nacht zur spatn Stund,
da kriagt ma a'n Durscht,
es is oam oi's wurscht.

De erste Maß, ja de zischt,
da werd de Gurgl abgfrischt.
Doch man hat no ned gnua,
denn zum Bratl dazua,
da ghört hoit a Bier,
denn - "mia san hoit mia!"

De zwoat Maß meist ned glangt,
wenn ma's Nachschwoam ofangt.
Drum an de Bedienung die Bitte,
"geh bring ma a Dritte".
Nach dera fangt's o,
daß ma nimma oi's ko,
ma hat sich nimma in Gwoit,
jetzt gibt's aa koan Hoit.

Man findt oiwei a'n Grund:
"Hauptsach mia san gsund"
oder - "so jung und daher,
kemma zamm nimmamehr."

Vier Maß, na macht's "Hick".
Er werd verschwumma da Blick,
sie werd lauter de Stimm,
allmählich werd's schlimm.

"Frisch auf Nachbar Prost,
ganz gleich was heut kost,
werd ma no a Maß kafa,
denn heut laß ich's lafa."
Man paßt nimma auf
wia vui am Fitzl steht drauf.
Man werd am Zähln nimma her,
denn der Kopf, der werd schwer.

Wia a bleierner Fisch
hängt ma drin auf'n Tisch.
Jetzt bringt's nochmoi a Volle,
i kimm außer Kontrolle.

Da werd ma plötzlich schlecht.
War des Bier vielleicht ned recht,
war de letzt Maß vielleicht verdorbn?
I woas nix mehr - bin fast gstorbn!

Wenn i a Künstler waar

Wenn i a Künstler waar,
mechat i oaner sein,
bei dem alle Fraun schwach werdn,
wia von a'm liablichn Wein.
Ois Musiker daad i
scho bei der Ouvertürn
dich nach allen Regeln
der schönen Künste verführn.
Ois Fotograf möchert i
für a'n weiblichn Akt
dein Körper ablichtn,
ganz splitternackt.
A Kunstmaler sein,
des kunnt mir aa gfoin,
ganz ohne Gwand
daad i di dann moin.

Doch wenn oaner
mit Tintn und Feder umgeht,
hoaßt's glei, schau'n o,
da "arme Poet".
Und auf so a'n kloan Schreiberling
duad koa Weiberleit fliagn,
zweng a paar Zeiln von mir,
duad sich koane ausziagn!

Mißverständnis

A Sonntag war's, am Vormittag,
vom Himme d' Sunna lacht.
Da Bauer hat sich's draußt vor'm Haus,
auf da Hausbank gmüatlich gmacht.

A Kurgast kimmt voll Tatendrang
am Weg daherspaziert.
"Ach guter Mann, sie sind von hier,
mich hätte intressiert.
Wie heißt der hohe Berg dort links?"
De Sunn duad grad wenk blendn.
Da Bauer schaut, welcher Berg is gmoant?
Drum fragt er, "der da entn?"

"Ach vielen Dank", sagt drauf der Gast.
"Mehr wollt ich gar nicht wissen.
Eure Berge sind zwar wunderschön,
doch die Namen sind beschissen!"

Operette für Christa
oder "die künstlerische Freiheit"

De Christa duad Jubiläum feiern.
Was kunnt i zu ihrm Fest beisteiern,
zu dem sie mich hat gladn ein?
I dua mi drauf scho riesig frein.
De Christa, ja de hat Maniern.
Mit was kunnt ich ihr imponiern?
Was Bsunders müaßt i mir ausdenkn,
um ihre Gunst auf mich zu lenkn.
Was Musisches, was Feins für's Herz,
was Künstlerisch's mit Witz und Scherz!
Es soi Bestand habn, es soi bleibn,
drum dua ich ihr - a Operettn schreibn.

Glei fang i o mit'm 1. Akt,
überleg a'n Rhythmus und a'n Takt.
A Handlung laß i mir eifoin,
an gscheidn Reim, es soi ja gfoin.
A Liabsgschicht, de mag gwiß a jeder,
guat geht's ma anfangs von da Feder.

Zum Auftakt spuit a Geign ganz fein,
dann setzt Posaun und Tuba ein
und langsam geht da Vorhang auf,
des Meisterwerk nimmt seinen Lauf.

Auf da Bühne kannst a'n Jüngling sehn,
vor'm Haus der Liabstn duad er stehn,
unterm Fenster seiner Anvertrautn
im Mondenschein mit einer Lautn.
A Arie schmettert er hinauf,
doch sie schlaft fest und wacht ned auf.
A Trommelwirbel macht sie munter,
da schütt sie eahm - 's Nachthaferl runter.

Duad des zu einem Festtag passen?
'S Komponiern daad i am liabstn lassen!
I biag an meiner Handlung rum,
für d' Christa is mir nix zu dumm.
Duad mei Talent vielleicht ned reichn?
Am Schlager duan de Liadl gleichn.
Lang dua i noch am Ausdruck feilen,
dann streich i wieder ganze Zeilen.
Boid werd's a Lustspiel, dann a Drama,
mei ganzes Werk, des is zum schama.
Mia is der Operettentraum verdorbn,
zum Schluß san's - Schnaderhüpfe wordn.

Wein, Weib und Gesang

Wer nia singt und seltn lacht,
wer im Lebn koa Dummheit macht,
wem koa fesches Dirndl gfoid,
wem de Lust und Liab laßt koid,
wem koa Bier schmeckt und koa Wein,
muaß a "fader Knochn" sein.

Denn nur für Wein, Weib und Gesang,
da lohnt sich's Lebn - a Leben lang.

◆◆◆

Boarisch sinniert

Auf Anhieb duast was ned kapiern,
der Hintergrund duad irritiern,
du überlegst, denkst nach, du duast studiern,
auf boarisch hoaßt ma des sinniern.
Ganz gwiß, man kunnt sich informiern,
kunnt fragn und kunnt aa diskutiern,
über dies und jenes fantasiern
und sich zum Schluß doch wieder irrn.
Drum denk - bei uns duad's Denkn ned pressiern,
nur des was rauskimmt intressiern,
dua dich dabei aa ned scheniern,
es um drei Eckn moi z'probiern.
Dua de Gedanken guad sortiern,
Humor und 's Gmüat nia ganz verliern,
duast d' weißblau Luft no inhaliern,
erst dann kannst du - boarisch sinniern!

Schiagrausigschee

Wenn a'm Berchtsgadner was gfoid,
sagt er: "Des is schee!"
Is was grausig,
dann hoaßt's: "Des is schia!"

Des Wort schee,
des kann ja no jeder versteh,
des Wort schia,
verstehn meistens nur mia!

Doch richtig kompliziert
werd's mit'm Versteh,
wenn mia sagn:
"Des is schiagrausigschee!"

Boarisch grüaßn

Grüaß di und pfüat di,
so grüaßn mia oan,
Servus, habe die Ehre,
sagn's aa no dahoam.
Doch klingt's wia a
dressierter Papagei aus'm Zoo,
wenn a Bayer ois Gruaß sagt:
Tschüß und Hallo!

A Gipfe is wia a Insel

Reif für a Insel,
drinliegn im Sand,
mittn im Ozean
an a'm einsamen Strand.

Weit weg fliagn vom Alltag,
wo oi's duad oan stressn,
unter Sonne und Palmen
de Sorgn vergessn.

Doch der Streß und de Sorgen
kemman großteils vom "ackern",
für den Urlaub auf da fernen Insel
muaßt des ganze Jahr rackern.

Bleib dahoam, steig auf'n Berg nauf,
sei zweng am Dableibn ned verzagt,
a so a Gipfe is wia a Insel,
de aus da Landschaft rausragt.

In größter Ruah sitzt du da,
pfeifst auf de weite Welt,
hast mehr Zeit und koan Streß
und brauchst ned sovui Geld.

Bergwasserl

I kenn nix Frischers und nix Reiners,
woas nix Klarers und nix Feiners,
wia a Wasserl, des am Berg entspringt,
zwischn Stoana sprudelt's außa gschwind.
Es suacht sein Weg, der führt hinunter,
noch plätschert's lustig, froh und munter,
über d' Felswand rieselt's und duad spritzn,
im Sunnaliacht duad's hell aufblitzn
und weil de Wärm a'n Schnee wegtaut,
hat sich a kloaner See aufgstaut.
Des Wasserl sagt sich, i verschnauf,
denn glei beginnt a wuida Lauf.

Jetzt springt's und tanzt's hinab ins Doi,
stürzt frei weg über'n Wasserfoi,
es überschlagt sich und es zischt,
in da Gumpn schäumt de weiße Gischt,
es brodelt und es bäumt sich auf,
talwärts drängt jetzt der Überlauf.
Des Bacherl rauscht und schiaßt bergab,
in Kurven laft's den Hang herab,
duad oiwei mehr an Tempo gwinna,
und endlich auf a Almfeld rinna,
da teilt es sich, duad sich ergiaßn
und duad dann wieder zammafliaßn,
verschwindt zletzt in a'm Labyrinth,
aus dem's nie mehr zum Vorschein kimmt.
Es versickert lautlos in da Erdn,
daß Woid und Wiesen fruchtbar werdn.

Des Wasserl is a bsundrer Saft,
gibt Mensch und Tier und Pflanzen Kraft,
denn ohne "Naß", da daad's nix gebn,
des Wasserl erweckt erst oi's zum Lebn!

A oida Bock

A Gamsbock steht jetzt voi im Saft,
er strotzt nur so vor lauter Kraft.
A jedes Steigerl duad er kenna
und in de steilstn Wänd rumrenna.
Des ganz Revier duad er durchstreifn
und von de Gipfen abapfeifn.
Koa Jaga kann ihn da verdriaßn,
koa Wuidschütz kann ihn niederschiaßn.

In da Brunft duad er de Gamsei treibn,
so manche Goas duad eahm stehbleibn.
Mit Rivalen muaß er Kämpf austragn,
er hat sich oiwei tapfer gschlagn,
drum führt er lang des Rudl o,
bis a junga Bock des besser ko.
Von da an is er nimma gfragt,
wenn er was möcht, werd er verjagt.

Da oid Bock hat sich nochmoi traut,
hat um a junge Goas sich g'schaut.
Bis jetzt hat er stoiz - Krikei tragn!
Wachsn eahm boid Hörner, muaß ma fragn?

I paß besser zum Bier

Duast du gepflegt speisn,
recht vornehm und fein,
a Menü a la Chart,
da kredenzt ma a'n Wein.

A Bier gibt's zur Brotzeit,
a Bier paßt zur Wurst,
zum Kas und zum Radi,
für a Bier braucht's a'n Durst.

Da Wein werd meist steif
von a'm Ober serviert,
de Maßkrüag bringt d' Zenzi,
druckt's an ihr Brust unscheniert.

Drum schmeckt's Bier aa so deftig,
man spürt am Lebn wieder Freid,
je mehr, daß ma trinkt,
desto größer werd d' Schneid.

Trockn, mild oder lieblich,
soi da Wein dagegn mundn,
a typische "Blume"
soi sei Aroma abrundn.

Da Wein, der is männlich,
man sagt zu eahm "der",
waar's a Mensch, ja na waar er
a nobliger Herr.

Vielleicht waar er a Graf,
gwiß aristokratisch,
unser Bier is aus'm Voik,
so ganz unproblematisch.

"Das" Bier, des is sächlich,
doch de Sach is notwendig,
wia "das" Brot und "das" Wasser,
des hoit uns lebendig.

Gibt's a Bier, leidst koan Hunger
und koan Durst, ja koa Not,
drum sagt ma zum Bier aa
"das flüssige Brot".

A frische Maß, recht guad eigschenkt,
vom Foam no a weiße Haubn,
aus so a'm Kruag, da duad Kraft,
da duad Gsundheit rausschaun.

Leicht säuerlich aus seim Glasl
da Wein dagegn schaut,
ganz zerbrechlich, hat Angst,
daß ma'n vom Tisch obehaut.

Er kriagt a zornige Gsichtsfarb,
fahl weiß oder rot,
wenn er's goldgelbe Bier siagt,
mit seim Reinheitsgebot.

Da Wein rümpft gern d' Nasn,
wenn ma eahm nachschwoabt mit Bier,
doch a'n Wein wennst auf's Bier trinkst,
hoaßt's: "Das rat ich dir!"

I glab, daß dem Wein
nur deshoib oft stinkt,
weil er woas, daß ma meistens
vom Bier mehra trinkt.

Trinkst z'vui Wein kriagst a'n Schwips,
so duad ma a'n Rausch da umschreibn,
vom Bier kriagst a'n "Dampf"
und a "Aff" duad dir bleibn.

Im Wein, da liegt Wahrheit,
doch es bleibn so vui Fragn,
beim Bier, da werd ausgredt,
notfois d' Maßkrüag zerschlagn.

Zum Wein, da ghört aa no
Weib und Gesang,
zum Bier a feschs Dirndl
und Blechmusiklang.

Mit a ledernen Hosn,
an Gamsbart am Huat,
da mag ma koan Wein,
a frischs Bier schmeckt da guad.

So is des in Bayern,
denn "mia san hoit mia",
für mi gibt's koan Zeife,
i paß besser zum Bier.

Schneeheign

Fünf Monat liegt da Schnee jetzt scho
um's Haus und aa im Gartn,
i versteh's, daß ma a'n Früahling ko
scho fast ned mehr erwarten.

Südseitig san's scho aper d' Hang,
da rührt sich scho a Lebn,
doch der Rest im Schattn hoit sich lang,
man kann ihn nimma sehn.

Im Winter hat ma Haufn gmacht,
de san zwar kleaner wordn,
doch oft is koid no in der Nacht,
da Schnee is zammagfrorn.

De "Häusler" fangen 's "Schneeheign" o,
auf d' Mittagswärm werd gwoat,
de Häufein werd ausnander do,
fein säuberlich obroat.

Da Schnee werd ogstraad und werd grecht
und d' Eisbrockn werdn gwendt,
schnell schmelzn soin's, drum waar jetzt recht,
daß d' Sunn vom Himme brennt.

Und erst wenn oi's weggschmoizn is,
dann is ma mit sich zfriedn,
a paar Tag hat ma gwunna gwiß,
hat a'n Winter außetriebn.

Da möcht i liaber
des Gamsbleame sei

Weit obn auf'm Berg,
in a senkrechtn Wand,
man findt fast koa Erdn,
nur Felsn und Sand.
Des Klima is hoat,
bis ins Fruahjahr duad's schneibn,
doch kaum is da Schnee weg,
duad a Bleame austreibn,
aus a winzigen Spoitn,
ringsrum san nur Stoa,
mit a'm kräftigen Wuchs,
stämmig und kloa,
de Blütn san goidgelb,
de grean Blattl voller Saft,
des Überlebn in da Wildnis
gibt Schönheit und Kraft.
Des Bleame wachst da drobn,
wo de Gamsei rumrenna,
es hoaßt "Primula auricula",
mia duan's Gamsbleame nenna.

Vom Hochstand im Gebirg
schaut's obe ins Doi ,
auf a fruchtbaren Wiesn
siagt's da auf amoi
ihr Verwandschaft, de Schlüsselbleame,
von dene gibt's gnua,
zur Gattung der Primeln
ghörn sie aa dazua.
Bester Humus, gnua Wasser,
vor'm Wind schützt a Heckn,
de brauchn eahne Köpferl
ned an de Felsn hinsteckn.
Sie blüahn a wenk länger,
san oftmois hochgschossn,

denn am Feld werdn sie dungt
und mit Gülle begossn
und trotzdem bleibn's blaß,
eahna Gelb leucht ned richtig,
im Vergleich schauns so aus,
ois waarn's alle schwindsüchtig.

Im Überfluß a Lebn
is zwar leichter ganz gwiß,
ois der Kampf für a Dasein
in de Berg droben is.
Des tägliche Ringen
erfordert beste Substanzen,
des gilt aa für de Menschn,
ned nur für Tiere und Pflanzn.
Da hoaßt's Kräfte guad bündln
und sparsam haushoitn
und dann, wenn's drauf okimmt,
de ganz Schönheit entfoitn.
Gamsbleame oder Schlüsselbleame,
der Vergleich duad ergebn,
für mich is entscheidend:
"Wia intensiv is des Lebn!"

Gsundheit

Gsundheit! Bleib gsund! Werd ned krank!
Solche Wünsch hörn ma gern, hörn s' mit Dank.
Mia glaubn, mia wissen's ganz gwiß,
wia wichtig im Lebn - Gsundheit is.

San ma gsund, duan ma Schindluada treibn
und hoffn 's werd oiwei so bleibn.
Nix haut uns um, 's war doch glacht,
de Gsundheit habn mia ewig auf Pacht.

In's Gsicht habn ma da Krankheit scho gschaut,
doch hat's nur a'n Andern umghaut.
Sei Leid berührt uns, sei Schmerz,
des geht uns an's Gmüat und an's Herz.

Am Krankenbett nehma uns vor,
auf d' Gsundheit schaun ma mehr ois zuvor.
Kaum habn mia den Kranken verlassn,
da duan scho de Vorsätz verblassn.

Kerngsund fühln ma uns wieda z'Haus,
lebn weiter in Sauß und in Braus.
Geh Krankheit, geh laß uns in Ruah,
mia habn von a'm Roß de Natua.

Eines Morgns kemma ned recht auf d' Heh.
Da spürn mia auf oamoi a'n Weh,
da spürn mia auf oamoi a Ziagn.
Mia werdn doch koa Krankheit ned kriagn?

Mia sagn uns, 's werd ned so schlimm sein,
des renkt sich doch glei wieder ein.
Doch da Weh, der hört nimma auf,
de Krankheit nimmt seinen Verlauf.

Zum Doktor, da gehn ma schnell hin,
für was habn ma s' denn - de Medizin.
Da laß ma uns glei was verschreibn,
des werd scho de Schmerzen vertreibn.

Von da Apotheken hoin mia a'n Saft,
der soi uns glei gebn wieder Kraft.
De Tropfn, de Salbn und Tablettn,
de soitn vor'm Kranksein uns rettn.

Da Doktor, der hat des studiert,
was er an uns durchprobiert.
Hilft's nix und duad's trotzdem uns zwicken,
muaß er zum Spezialisten uns schicken.

Der suacht mit a'm "Röntgen seim Strahl",
die Ursachen unserer Qual.
Er moant, 's kunnt was Kritisches sein
und weist uns ins Krankenhaus ein.

Da liegn mia und wartn auf Bscheid
und hoffn, daß ned so weit feid.
San froh, wenn ma endlich dann wissn,
was für Krankheit hat uns niedergschmissn.

Des Gsundwerdn, des braucht jetzt sei Zeit,
oft verliern mia scho jegliche Freid.
Zum Nachdenken kemma da richtig,
jetzt wiss' ma's - de Gsundheit is wichtig!

Wia wichtig is für unser Lebn?
De Auskunft kann nur oaner gebn,
der kriagt hat vom Arzt den Befund:
"'s is z'spat, du werst nimma gesund!"

November im Gebirge

Ins Tal ziagt da Newe ganz staad in da Fruah,
er legt sich auf Wiesn und Woid,
er kriacht zwischn d' Häuser, deckt alles fest zua,
wia mit a'm Leichntuach, eisig und koid.

De Baam stehn ganz kahl, san de Blattl abgfoin,
man hört aa koa Vogei mehr singa,
den erstn Schnee, des kann ma sich leicht jetzt ausmoin,
werdn gwiß de nachstn Tage scho bringa.

Du sitzt in da Stubn und duast lang scho sinniern,
es duad sich a Schwamuat ausbroatn,
du magst ned vor's Haus, denn draußt kunnt's dich friern,
auf was duast du eigentlich woatn?

Ziag di o und steig nauf und betracht nebenher
de Kristalle aus Newe und Frost
und boid tauchst du raus aus dem nebligen Meer,
a Anstrengung hat's dich scho kost.

Doch wenn du hoch über den Woikn duast stehn,
duad de Freiheit fast grenzenlos sein,
de Berg und de wärmende Sonne kannst sehn,
deine Sorgn san verborgen und klein.

Koa Trüabsal und Schwamuat duad di dann plagn,
des Wandern in da Höh macht a Freid,
drum is da November, des kann ma woi sagn,
im Gebirge a herrliche Zeit.

A grauer Novembertag! A oider Mo mit a weißen Zipfe-kappn steigt in unsern Autobus. Er tragt a Puppn am Arm. Die Leut lachn!

Gedankenspiel:

Warum tragt
da oid Mo a Puppn?

De Leut, sie lachn:
"'s is a Narr da oid Mo,
schauts hi a Puppn t r a g t e r !"

In Bus steigt er ein
mit da Puppn und löst's Bilett'l,
"was kost's für sie - für mei Dirndl?" f r a g t e r.

Er hat's schee ozogn,
er lacht und redt mit ihr,
"wia geht's da heut, mei Roserl", s a g t e r.

Oiwei hat er a Antwort kriagt,
bis zu dem Unglück.
Sei Leid - koam Menschen k l a g t e r.

'S Roserl war sei Freud, bis sie's auf'n Friedhof tragn habn.
Sei Verstand hat des ned verkraft -
koan Lach'ra w a g s t m e h r !

Fasching bei uns in Bayern

Ob am Elften Elften um elf Uhr elf
oder am Zwölften Zwölften um zwölf Uhr zwölf,
des is uns gleich, mia mögn a Ruah,
schee staad geht's da auf Weihnacht zua.
Zu der Zeit habn mir nix im Sinn
mit rheinischem Karnevals-Klimbim.

Erst wenn da Christbaam abkranzt is,
da schneidn mia aa a Faschingsgfries.
Doch schaut des bei uns anders drein,
als drobn in Mainz oder in Köln am Rhein.
De habn da eahna Faschingsgilde,
bei uns siagst Hexn, Jaga, Wilde.
A Prinzenpaar brauchn de zum lachn,
bei uns duan d' Maschkra d'Faxn machn.
Von da Funkenmarie kaum oaner woas,
dafür kennt jeder d' Habergoas.
Narrische habn mia und koane Jecken,
statt Büttenredn duan mir d' Leut derblecken.
Wenns Hellau schrein und Alaaf singen,
des duad für uns abscheulich klingen.
Wenns lustig is in unsrer Schoa,
duan mia a'n Juchzra und a'n Schroa.
Maskiert auf Schi treibn mia a'n Unfug,
in Köln marschiern's mit'm Faschingsumzug.
A jeder möcht da Scheenste sein,
nur wer a'n Orden hat is fein.
Se moan, se habn de Gaudi pacht,
wenn oi's auf oa Komando lacht.
Drum duan mir Bayern liaber bleibn,
dahoam und duan Spassetln treibn.

Nur oans kunnt an da Fasnacht reizn,
fast nackt duans eahne Füaßerl spreizn,
de Gardemädchen, se gfoin oam scho,
mit großem Busen, straffem Po.
Bei uns san de Dirndl eher stramm,
am Rhein habn's Beine schlank und lang.

Wia de de Haxn aufeschmeißn,
des kunnt oam scho vom Sessl reißn.
Wenn's des no könntn unsre Weiber
mit eahne wohlgeformten Leiber.
Koa Mensch daad mehr de Fasnacht feiern,
ois kaam zum Fasching her nach Bayern!

Des letzte Klassntreffn

Da Hans hat in da Zeitung glesen:
“Theresia Maier, geborene Graß”.
A Nachricht vom Tod is de Anzeige gwesen,
‘s war des letzte Weiberleit aus seiner Klass.

Zur Leich ziagt er sich sauber o
und duad auf’n Friedhof gehn,
von weitem siagt er da a’n Mo,
da Steff, sei Schuifreind duad da stehn.
Von hintn hat er’n zerst ned kennt,
er is so bucklert wordn,
am Grab, da habn de Kerzn brennt,
sie is an Influenza gstorbn.

Der Tod, der trifft de zwoa scho schwer,
nachdenklich duan sie sein,
sie erweisn ihr de letzte Ehr,
danach, da kehrn sie ein.
Beim Wirt drent trinkn sie a Bier,
a Klaons, sunst werdn sie zua,
mit ihr, moant da Hans, warn mia no Vier,
da Herr gib ihr de Ruah.

Da sagt da Steff, er is inna wordn,
in Münchn vor a’m Joah,
is aus eahna Klass da Tommerl gstorbn,
drum san sie grad no zwoa.

Jetzt trinkn’s doch a bisserl z’vui,
da Hans und sei Freind da Steffn,
denn beide habn sie so a Gfui,
‘s is ‘s letzte Klassntreffn!

Redn

Sag nix
oder red belanglos über's Weda.
Lob oan amoi
oder tadel, obwoi -
Kritik vertragt ned jeda.
Merk dir,
sagst d' Wahrheit, dann is beides recht
aber red nia
über oan - der ned da is - schlecht!

'S is traurig

I woas es is traurig,
man kann meistens drauf schwörn,
wennst über a'n Menschn
nur Guades duast hörn,
dann duad wer mit Eifer
über sich selber was sagn
oder man hoit grad a Red,
wenn's zu Grabe oan tragn.

◆ ◆ ◆

Seelenspiagl

A Gedanke laßt lang dir koa Ruah,
er möcht, daßt dich äußerst dazua,
er geht dir gar nimmer aus'm Sinn,
bis daßt dich zum Schreiben sitzt hin.
Am Gedicht duast dei "Ich" anvertraun,
laßt dei Seel in a'n Spiagl neischaun,
wennst ungschminkt des sagst, wast dir denkst,
im Spiaglbild dich wieder erkennst.
Kann sein, daß dei Vers übroi eckt
und da Spiagl de "Zung" dir rausbleckt,
trotz Anstrengung duad's hoit nix werdn,
wia Glas haust dei Werk dann in Scherbn.
Doch triffst du den richtigen Ton
und klingt's wia a guade Komposition,
findst geeignete Worte für'n Reim,
erst dann stellst des Nachdenken ein!

‘S “Ewig Lebn” is wia a Wasserl

Unser Lebn is wia a Wasserl,
des aus der Erdn entspringt,
frisch und frei ois kloans Bacherl
an Berg abarinnt.
Des Bacherl werd größer,
mit’m freien Lauf is boid Schluß,
man zwängt’s in Kanäle,
es fliaßt in a’n Fluß.
Des Wasserl werd braucht,
damit neues Leben entsteht,
man nutzt auch die Kraft,
die vom Wasser ausgeht.
Doch s’ Wasserl werd trüaber,
bei seim endlosen Lauf,
bis anschwillt zu a’m Strom,
nimmts vui Schmutzwasser auf.

Es geht stetig bergab
duad sich’s Ende ankünden,
des Wasserl is am Ziel,
duad in Ozean münden.
Verdunstet und löst sich
scheinbar in “Nichts” auf,
doch ist’s nur der Anfang
von a’m neuen Kreislauf.
Es bilden sich Woikn,
a neus Wasserl werd’s gebn.
So kann man sich’s vorstelln
des “Ewige Lebn”!

Paragraph 218

Zwoa Kinder hat d' Frau "Lebegern",
da duad sie wieder schwanger werdn.
"Na, nochmoi all de Muaterpflichtn,
auf sovui müaßt i da verzichtn."
Sie plant für's Lebn no große Sachn,
drum laßt's vom Arzt des Kind wegmachn.
Jahr drauf is Tochter kränklich wordn
und an der Krankheit is sie gstorbn.
Am Grab habn no de Kerzn brennt,
da hat sich aa ihr Sohn darennt.
Heut daad sie wirklich alles gebn,
wenn ihr dritts Kind war no am Lebn.

D' Frau "Notistgroß" werd plötzlich schwanga.
Bei ihr duad's hint und vorn ned glanga.
An Abbruch möcht sie machn gern,
doch unser Gsetzt duad des verwehrn.
Dem Ungebornen Schutz duad's gebn,
mit'm Kindergeld werd des scho lebn.
Ihr ganze Kraft für'n Sohn gibt's her,
dann ziagn s'n ein zum Militär.
Und unser Gsetz sagt beim Konflikt,
da werd der Bua zum Kriagführn gschickt.
Und was vor zwanzg Jahr lebn hat müaßn,
des soi's jetzt hergebn zum daschiaßn.

Des Gsetz habn ned de Frauen gmacht,
im Parlament habn's zwenig Macht.
Wer lebn muaß und wer stirbt für'n Staat,
de Männer hoitn drüber Rat,
Politiker und Kirchenherrn.
Das Weib soi ghorchen und gebärn.
Ganz gwiß, bewahrt werdn soi jeds Lebn,
drum muaß ma Zuaspruch, Hilfe gebn.
Ned Richter, die bestrafen soin.
A Muater muaß ihr Kind doch woin!
Denn ohne Liab is des verlorn,
's waar besser, es waar nia geborn!

Welche Religion is die "Richtige"?

Hoaßt er Gott oder Allah
oder Buddha vielleicht
oder moanst, daß mit Jehova
zur Seligkeit reicht?
Glaubst du an Mohamed
oder is der Papst für dich wichtig?
Wer sagt, was im Leben
is falsch oder richtig?
Glaubst du nix, nur an Geld,
denn Geld hat die Macht
und is alles nur Zuafoi,
was passiert Tag und Nacht?
Ohne Gott, da könnt jeder
morden und raubn
und andere mordn
für eahn Gott, für eahn Glaubn,
weil's moan, daß nur eahna
Religion alloa stimmt
und wer dafür 's Lebn laßt,
in Himme neikimmt.

Wenn ma siagt,
was aus Glaubenswahn schrecklichs entsteht
und wenn ma woas,
daß ohne Gott doch aa ned geht,
dann waar guad, wenn mia Menschn
an neun Glaubn auswähln,
an Glaubn, der müaßat
für alle Leut zähln.

Wo's hoaßt: Gott is des Gwissn,
de innere Stimm,
de oam sagt, was is Unrecht
und was hat a'n Sinn.
De lehrt: Was du selber ned magst,
füg andern nia zua,
mit der Religion hätt ma
an Frieden und d' Ruah!

Herbst 1989

Deutschland,
"einig Vaterland"!

Vierzg Jahr hat uns a Vorhang trennt,
an "Eisern Vorhang" habn s' ihn gnennt.
An langen Stacheldraht habn s' gspannt,
sie woitn teilen d' Leut und 's Land.

A wenn ma nimma glabt habn dro,
da hat sich plötzlich doch was do,
fast über Nacht, von heut auf morgn,
oa Deutschland is auf oamoi wordn.

"Wir sind das Volk", habn's demonstriert,
san friedlich durch Berlin marschiert,
habn appelliert an's Weltgewissn,
damit habn s' d' "Mauer" niedergrissn.

Da "Gorbi" laßt koan Panzer roin,
dafür kann er aus Oslo hoin,
den Friedenspreis, eahm steht er zua.
Vom Kriag hat Ost und West jetzt gnua.

Heut habn ma's "einig Vaterland",
doch trennts a unsichtbare Wand.
Ned Macht und Geld werds überwindn,
de Herzn müassn zammafindn.

I hoff, daß die Vernunft boid siegt
und "Ossis", "Wessis" nimma gibt
und wenn oa schrein im Fall des Falles
"Deutschland, Deutschland über alles",
dann werds höchste Zeit man redt mit ihnen,
denn "deutsch sein" hoaßt - dem Frieden dienen!

Bosnien 1994

Satan im Bauch

Stoppt Kroaten, Moslems, Serben,
stoppt des Schiaßn, Morden, Sterben.
Jeder Kriag is unmoralisch,
doch der Kriag is bestialisch.
Kann ma de Tschedniks ned belanga,
an Moslemfraun ham's sich verganga.
'S werd vergewaltigt und entehrt
und niedergmacht, oi's was sich wehrt.
Sie befriedigen ned nur de Lust,
sie pflanzn eah geplant, bewußt
an jungen Tschednik in ihrn Leib,
a Kind vom Feind soi kriagn des Weib.
Dann werdn's a zeitlang gfangaghoitn,
de böse Frucht soi sich entfoitn.
Hochschwanga duad man's hoamwärts jagn,
den Haß soin's in d' Familien tragn.

De Fraun erlebn de größte Not,
a Erlösung waar für sie der Tod.
Soits irgendwann a'n Frieden gebn,
wia soitn sie dann weiterlebn.
De Zeit heilt zwar so manche Wundn,
doch ned 's Leid der Frau, de so is gschundn.
Sie haßt de Männer, ihr Kind haßts auch,
ois hätt's a'n Satan in ihrm Bauch.
D' Verzweiflung packts, Mitleid und Wuat,
denn 's Kind is aa ihr Fleisch und Bluat.

Da Schlaf is a Gschenk

Da Schlaf, des duast ahnen
werd vom Totenreich aus regiert,
wenn du schlafst kannst nix planen,
kriagst ned mit, was passiert.
Drum genießt man meist den Tag,
steht gern in da Wirklichkeit,
Liacht und Lebn is, was man mag,
hat Angst vor da Dunkelheit.

Doch Probleme wenns gibt,
Ärger, Streit und Gezänk,
wenn man nächtelang wachliegt,
dann werd da Schlaf zum Geschenk.

Sinkt man erschöpft und geschafft
in sei Bett ohne Muat,
des kurze Vergessn gibt Kraft.
Vielleicht werd oi's wieder guad?
Ängste verblassen und Sorgn,
Leidn heilen und Wundn,
'S herrscht a Ruah bis zum Morgn,
für a paar sorglose Stundn.
Verlorn gehn da Zeit und aa Raum
und was man überlegt hat und sinniert,
werd für die Dauer von a'm Traum
aus dem Bewußtsein radiert.

Dem Schlafenden werd für a kloane Frist
Geborgenheit und Frieden verliehn
und alle Schuid aller Zwist
bis zum Erwachn verziehn.
Im Schlaf verfliagt jeder Kummer,
'S gibt koan Haß und koan Neid
und alle Last werd oam gnumma,
'S is a Gschenk für a kurze Zeit.

Alptraum

Danachst hab i draamt,
de Erdn hat bebt,
so vui Angst und Entsetzen
hab i bisher ned erlebt.
Mei Haus, des i baut hab
mit Fleiß - Stoa auf Stoa,
stürzt ma ein und i kann
nix dagegn doa.
I hab glabt, daß ich's auf sichrem
Fundament hab erricht
und jetzt soi i zuaschaun
wia's zerfoit, wia's zerbricht?
I stemm mich dagegn
mit all meiner Kraft
und spann doch scho boid,
daß man's alloa niamois schafft.
De Erdn reißt auf,
wui oi's von mir habn,
möcht was ma teuer
und liab is begrabn.
Und i wehr mi verzweifelt,
verfluach diese Stund,
und foi doch ins Bodenlose,
in den höllischn Schlund.

Schweißgebadet wach i auf
in a'm stockfinstern Raum
und i woas ned, is des d' Wirklichkeit
oder war's nur a Traum!

Massenentlassungen und Arbeitslosigkeit
in Deutschland

Die (Ver-) Kündigung

Jetzt stehts da alloa!
Eure Händ san prägt von jahrelanger Arbat.
Was möchts no doa?

Ihr Männer, Frauen und ihr Oidn,
als Dank für eure Müah habts ihr jetzt -
die Kündigung erhoitn.

Is des jetzt sicher?
Man behaupt, daß's koan Ausweg gibt und -
es is wirtschaftlicher!

Schwindende Liquidität, z'vui Kapazität!
Wer versteht des scho? Man ahnt jetzt nur -
es is zu spät!

Verantwortung erkennt ma nur schemenhaft.
Man versuacht zu rechtfertigen und verweist -
auf die vielgelobte, freie Marktwirtschaft!

Sommer 1995

Kreiza abhänga

Kreiza abhänga,
Büacha verbrenna,
Ausländer hassn,
Juden vergasn.
A Mehrheit hat's Sagn,
duad de Minderheit jagn.
So is amoi gwesn!
Is des scho vergessn?

Heut werdn s' wieder abghängt,
weil ma Toleranz schier verkennt.
Jetzt a Minderheit klagt,
scho werd da Herrgott verjagt.
Des Urteil war schlecht,
Querulanten gibts recht.

Gwiß, da Staat soi's ned vorschreibn,
doch soin d' Kreiza aa bleibn,
wenn d' Mehrheit in da Schui,
in da Klass a Kreiz wui,
zweng am Glaubn ned nur,
's ghört aa zur Kultur.

I moan es waar schee,
guad zum gegnseitign Versteh
und würd da Minderheit reichn,
wenn ma daad ihre Zeichn,
wo sie sich besinnan,
de an ihrn Glaubn erinnan,
nebn unsre Kreiza aufhänga,
des daad i Toleranz nenna!

◆◆◆

Zeit vergeh,
Zeit bleib steh

Zeit vergeh,
jede Stund duad mir weh.
Zeit, wennst grad vergangst,
mir werd's bang, i hab Angst.
Zum Guadn dua's wendn
oder dua's boid beendn.

Doch de Zeit laßt sich ned zwinga!
Was werd's für mich no oi's bringa?
Sie heilt manche Wundn,
hab a neues Glück gfundn!

Zeit hoit moi ei,
so wohl duad's mir sei.
Dua ned so schnell verrinna,
i werd nimma jünga.
Da Augenblick is so schee,
Zeit bleib doch steh!

Symphatische Bekanntschaft

- oder "Warum bin i aufgregt?"

Vui Menschen hab i scho kennaglernt
ganz verschiedene Leut,
dann bin i dir begegnet
ganz zuafällig heut.
Hab net gwußt wia du hoaßt,
hab dich ned kennt -
trotzdem, vom ersten Augenblick
warst ma ned fremd.

Nach a paar Wort von dir,
hab i was gspürt -
tiaf in mein'm Innern drin,
hat sich was grührt.
A Blick in deine Augn,
hat mir vui gsagt.
"Warum bin i aufgregt?"
hab i mi gfragt.

A Gfui, des i sunst ned hab,
hab i in mir.
Möcht hoit liebend gern wissn,
"wia is des bei dir?"

"Vier Jahreszeiten"
einer Liebe

De Liab, sie erwacht,
sie keimt und treibt aus,
schüchtern tritt sie
aus dem Verborgnen heraus.
Trotz Aprilsturm und Schnee
's is vielleicht zu verfrüaht,
wachst sie zur Schönheit heran
und erblüaht.

De Sunn und da Sommer
entfalten die Pracht,
durch sie werd die Gluat
des Herzens entfacht.
Des Feuer der Liab,
ja es leucht und es brennt,
des Glück zu zwoat
koane Grenzen mehr kennt.

Vollendung und Reife
san fast scho erreicht
- doch Newe im Tal -
vom Sommer de Farb, de erbleicht.
No oamoi zoagt die Liab
ihr bunt herbstliches Kleid,
doch des täuscht nur,
es is scho dem Abschied geweiht.

De Kältn,
des plötzliche Ende doan weh,
wo z'erst fröhliches Lachen,
liegt jetzt Stille und Schnee.
Wia d' Natur bleibt die Liab aa
im Winter am Lebn,
sie schlaft in der Hoffnung,
's werd a'n neu'n Früahling gebn!

Herbst

Da Tag prahlt no mit Farbenpracht,
a Hitz herrscht wia im Summa,
de Sunn, de moant, sie hätt ihr Kraft
vom Juli wieder gwunna.
Schaut grad so aus, als möchert sie
ihr Wärme no verschwendn,
doch herbstklar woas sie freilich scho,
da Winter werd's beendn.
De Blüah is greift zur vollen Frucht
und d' Blattl woatn staad,
weil sie scho gelb und welk wordn san,
bis daß da Wind verwaht.

Über Nacht, da hat sich's Wedda draht,
a Sturm is glei aufkemma,
er duad uns oi's was uns liab war,
in Windeseile nehma.
de Kältn bringt a'n Schnee und 's Eis,
da See friert 's erstemoi,
de Bleamei hat da Frost verbrennt,
da Newe kriacht in's Doi.
Wer denkt no dro, an den greana Mai,
wo da Kuckuck lustig schreit?
Vorbei is mit dem Vogelgsang,
ois is dem Abschied gweiht.

Ja alles Leben wandelt sich
mit der Zeit und duad verderben,
schaut aus ois hätt hoit nix Bestand,
a jeder muaß moi sterben.
Ob du no a großes Werk vollbringst,
oder a Liab ofangst,
du glabst es is ja doch umsunst,
doch hab davor koa Angst.
Hoit ei und denk a bisserl nach,
dann werst in dir drin spürn,
nix is vergeblich was du duast,
es kann di "hoamwärts" führn!

Zruckzoit

Enttäuscht bin i heut von dir,
enttäuscht warst du gwiß von mir.
Des was i gmacht mit dir,
des machst du heut mit mir.

Enttäuscht bin i wordn von dir,
du hast dich grächt an mir.
Zruckzoit hast du an mich,
vielleicht foits wieder zruck an dich.

Enttäuscht bin i wordn von dir,
hab ned glabt, daß du bist so zu mir.
Hab ghofft, du verzeihst es mir,
hab mi so täuscht in dir!

Länger a Freid ?

A Hochzeit is ned billig,
da derf oan nix reun,
dafür kann ma sich dann aa
auf d' Hochzeitsnacht freun.

A Scheidung kost no mehra
in da heutigen Zeit,
doch oft hat ma mit da Scheidung
aa länger a Freid.

Himmehoch jauchzend - zu Tode betrübt

Guat ausgruaht dua i aus'm Federbett springa,
a erholsame Nacht is vorbei.
Bei der Morgenwäsch hörst mi scho pfeifn und singa,
he Tag - wia i mi auf di frei.
De Arbat, de geht ma heut leicht von da Hand
und müaßt i den Ladn alloa schmeißn.
Die Zuversicht druckt de Probleme an d' Wand,
an Baum kunnt i jetzt no ausreißn.
Zu jeder Zeit bin i da aufglegt zum Scherz,
vor'm Übermuat muaßt mi jetzt warnen.
Den Mitmenschen dua i weit öffnen mei Herz,
am liabstn daad i alle umarmen.

Am andern Tag wieder verkriach i mi glei
in's Kissn, heut möcht i koan sehn.
Auf mir liegt a Last so schwar wia aus Blei,
in Trüabsal hab i mi ergebn.
Warum is de Welt so duster und grau?
De Zukunft hat lang scho verspuit.
I kann eh nix ändern, wohin i aa schau,
i hab mi no nia so schwach gfuit.
Wenn andere froh san und wenn oaner lacht,
ganz zwieder könnt ma da werdn.
De Sorgn verfoign mi scho bis in die Nacht,
de Gedanken drahn sich oftmois um's Sterbn.

Warum unterliegn solchen Schwankungen mia?
Des hab i mi selber oft gfragt.
I woas, daß sich's ähnlich verhoit aa bei dir,
über's Wetter habn mia dann klagt.
Der Stand der Gestirne macht gwiß aa was aus,
aa spuit de Gesundheit a Roin.
Oft laft oam hoit aa über d' Leber a Laus,
oft duad ma zuvui von dir woin.
I woas ned wia's zammhängt, wia kanns des gebn,
warum froh und dann traurig mia werdn.
I woas nur ohne Liab, des is doch koa Lebn,
bin nur glücklich, wenn du mi hast gern!

In de Augn, da liegt Wahrheit

Laß in d' Augen dir schaun, i wui darin lesen,
denn Augen, die spiagln dei inneres Wesen.
Sie kinnan sehn und sprechn und lachen von Herzen,
sie kinnan aa woana voi Kummer und Schmerzen.

Je nach Stimmung kinnan de Augn sich aa wandeln,
lebendige Augn, de kinnan aa handeln.
Sie kinnan strafn, verachtn, mit Blickn verletzn,
sie kinnan verbreitn Angst und Entsetzn.

Zwoa Augn kinnan wegschaun, wenns diskret werd und laut,
doch sie kinnan dich ausziagn ganz bis auf die Haut.
Sie kinnan dich treffn mit giftign Pfeilen
und Wunden versetzen, die nia wieder heilen.

Aus a'm Blick spricht oft Sehnsucht, man siagt des Verlangen,
es spiagln sich Hoffnung, Enttäuschung und Bangen.
Man siagt aa die Krankheit, de Not und des Leid,
sie zoagn oam den Haß und de Gier und den Neid.

Doch gleichfois de Freud, die Lust und die Wonne,
da leuchtn de Augen, so hell wia die Sonne.

Zwoa liebende Augen, die sprechen oft Bände,
sie streicheln den Partner wia zärtliche Hände.
Drum schau mir in de Augn und schau mir in's Gesicht,
in de Augn, da liegt Wahrheit, denn Augn de lüagn nicht.

Vor der Ewigkeit - Amen

Ist dei Zenit überschrittn, zoagt dir's Lebn deine Grenzn,
was dei Leib nimma ko, soi dei Geist jetzt ergänzn.
Vui zu schnell werst du oid, 's is ned zu vermeidn,
insgeheim duast du de Kraft der Jugend beneidn.
Du vergleichst dich mit jüngeren Lebensgefährten
und versuachst dich zu trösten mit deinen inneren Werten.
Wissen und Erfahrung können scho imponiern,
doch nix kann de Schwächn des Körpers kaschiern.

"No oamoi im Lebn a jungs Dirndl ausziagn,
sich lüstern und wuid a ganze Nacht liabn,
no oamoi auskostn de unkeuschstn Sündn,
dann kunnst dich vielleicht aa mit'm Oidwern abfindn."
So denkst du immer öfter, Jahr für Jahr, in Gott's Namen,
bis daß dich da Tod hoit in die Ewigkeit - Amen!

Harmonie

Wenn lustige Leut a Liadl singen,
im Chor duad des meist herrlich klingen,
der Klang duad no vui schöner sei,
wenn dazua a zwoate Stimm setzt ei
und mit a'm Baß noch untermoin,
da duad der Gsang am bestn gfoin.

A Maler moit a Mägdelein,
fügt's in a Fantasiewelt ein,
er hat de Farben fein abgstimmt,
damit's zu einer Einheit kimmt,
so hat der Meister mit Bedacht
aus seim Motiv a Kunstwerk gmacht.

De Menschen san ned gern alloa,
sie mögn sich liaber zammadoa,
sie suachen Partner wia besessn
mit möglichst gleichen Interessn,
doch erst wenn sie sich guad ergänzn,
dann können's miteinander glänzn.

A Gleichklang kann scho imponiern,
Übereinstimmung duad ma da spürn,
doch erst da Zammaklang bringt sie,
die angestrebte Harmonie.

'S Bankerl

Da Sepp hat a Bank baut,
mit vui Freud und Bedacht,
a Bankerl, schee stabil,
des ned knarretzt und kracht.

In da Jugend mit da Wally,
hat er am Bankerl vui glacht,
sie ham rumtollt und gscherzt,
es knarretzt und kracht.

An Sepp hat de Liab packt,
mit da Wally, in da Nacht,
er busselts am Bankerl,
es knarretzt und kracht.

De zwoa san a Paar wordn,
habn auf d' Linie nia gacht,
jetzt biagt sich des Bankerl,
es knarretzt und kracht.

Zum Rasten im Alter,
lassn sie sich nieder ganz sacht,
doch 's Bankerl is morsch wordn,
es knarretzt und kracht.

Werd Zeit, daß a Junga
de Arbat sich macht,
a neus Bankerl hinstellt,
des ned knarretzt und kracht.

Kinder san wia Pfeile

Kinder san wia Pfeile,
de man dem Köcher entnimmt,
du formst sie, du schärfst sie
und schaust, daß oi's stimmt.
Mit deim Bogn duast du jetzt
a Richtung vorgebn,
du spannst, schiaßt ab
und hoffst, sie fliagn gradaus im Lebn.
Doch dann kimmt a Windl
von da Seitn daher,
de Richtung zu hoitn,
da duan sie sich schwer.
Auch Sturm und Turbulenzen
san jetzt ned gfragt,
damit's deine Kinder
ned zu weit vertragt.
Du bist machtlos,
wenns vom vorgebnen Weg duan abweichn,
kannst nur hoffn,
daß eah Ziel einigermaßn erreichn.

Meine Kinder

Wia a freudigs Ereignis,
wia a heller Sunnaschein,
so brechts ihr jeden Morgn
in meinen Alltag herein.
I werd zwar nie mehr ganz frei sein,
werd mi immerzua sorgn,
doch seit ihr auf da Welt seids,
is ma nia langweilig wordn.
Eure Wünsche z'befriedigen,
euren Wissensdurst z'stilln
erfordert Geduld von mir,
Tatkraft und Willn.
Durch mich lernts ihr langsam
de Welt zu verstehn,
durch euch lern i vui Dinge
von der andern Seitn zu sehn.
Auf's Wesentliche duad ma sich
ois Erwachsner konzentriern,
euch duan Regnwürmer,
Raupn und Käfer intressiern.
Unscheinbares werd wichtig,
kann vui Freude bereitn,
durch euch siag i erst wieder
de kloana Winzigkeiten.
Eurem unbekümmerten Spui
dua i mit Vergnügen zuahörn,
unbeirrbar glabts an Wunder,
laßts eure Fantasiewelt ned störn.

So vui aus meiner Kindheit
kann i nochmoi erlebn,
i hätt so manches vergessn,
daads euch, meine Kinder ned gebn.
Und wenn Ängste und Sorgen
mi schweigsam woin machn,
werd schnell oi's zerstreut
von eurem strahlenden Lachn.

I nimm euch gern bei da Hand,
ihr seids für mi a Geschenk,
mei Herz werd übervoi,
wenn i in Liab an euch denk.
Und wenn i am Abend
euch sanft durchs Haar streich,
euch friedlich in Schlaf wieg,
macht des zufrieden und reich.
In a Welt, wo so viele
nur nach materiellem Glück streben,
seids ihr mei Glückseligkeit,
seids ihr mei ganzes Leben.

Dei Kind im Wind

Dei Kind,
des richt sich nach deim Wind.
Es lernt durch dich verstehn,
die ersten Schritte gehn.
Nimms an der Hand und führs,
wenns Not duad, korrigiers.
Es laßt sich leicht no lenkn,
duast eahm dei Liebe schenkn.
Sei geduldig mit deim Kind,
drahs behutsam nach deim Wind.
Braus ned so wia a Sturm,
zerbrechlich is der Turm.
Blas konstant und lind und leicht,
dann hast boid mehr erreicht.
A zartes Lüfterl duad
solang ma Kind is guad.
Kann sich dei Kind entfoitn,
werd's aa dei Richtung hoitn!

Wia schaut denn a Engelein aus?

"Du Mama, wia schaut denn a Engelein aus?"
"A Engei is jung und ned groß,
hat goldenes Haar, schee lang und ganz kraus,
hat koa Gwand o, is nackert und blos."

"Du Mama, i glab 's is a Engei dagwen,
hat ausgschaut wunderschee und so nett,
wia du warst auf Kur, da hab i des gsehn,
des Engei war beim Papa im Bett!"

Mei Gratulation - a Strauß "Worte"

Zum Jubiläum wünsch i von Herzen des Best,
vui Gsundheit und Glück, a scheene Zeit!
Hab lang überlegt, was könnt i schenken zum Fest,
mit was kann i machn a Freid?

Vielleicht soit i singa oder aa musiziern
oder Bleame bringa ins Haus?
Doch mit a'm Gedicht möcht i heut gratuliern,
a Gedicht, is - wia aus Worte a Strauß!

Dirnei hoi de Tanzschua raus

Mia warn no jung, du warst mei Gspusi,
auf d' Nacht spuit drent beim Wirt a Musi.
Obwoi mei Tanzschritt holprig war,
hab i di gfragt vor etla Jahr:
"Geh Dirnei gehst mit mir heut aus?
Geh weider hoi de Tanzschua raus!"
Des Tanzei werd i nia vergessn,
danach hast du mei Herz besessn.
Beim Tanzei, da habn mia uns gfundn,
für's ganze Lebn san ma verbundn.
Wenn's irgendwo a Musi spuin,
da duan mia uns wia früher fuin.
"Mei Weiberl, i lad di heut ei,
schliaf glei in deine Tanzschua nei!"
Mazurka, Polka, Walzerschwung,
is guad für d' Liab und hoit uns jung.
Wia werd des woi im Alter werdn,
ganz gwiß hab i di dann no gern.
An Juchzra dua i, wenn i dafrag,
a Musi spuit und i dir sag:
"Geh Muaterl mach deim oidn Mo
a Freud und ziag de Tanzschua o!"
Ganz gmüatlich dran mia dann a Rundn.
"Woast no? Beim Tanz habn mia uns gfundn!"

Ungleiche Sorgen

Gespräch am Krankenbett

"Entschuldige bitte,
daß i jezat erst kimm!
I hab no koa Zeit ghabt,
der Streß, der is schlimm.
So mistig und dreckig,
wia's mia zur Zeit geht,
i woas oft gar nimma,
wo mia da Kopf steht.
Vor a paar Tag hab i no
mei Auto angfahrn
und Projektleiter im Betrieb
is a anderer wordn.
Da Urlaub letzts Monat
war total verrengt
und obndrein sauteier,
hat mein Kreditrahmen gsprengt.

I siag mi nimma auße,
hab de Nasn so voi,
i frag mi immer öfters,
wia's weitergehn soi.
Wia geht's nachat dir,
du gfoist ma ned recht,
bist mager und blaß,
geht's da so schlecht?"

"O mei, es muaß gehn,
de Schwestern san nett,
man schlaft hoit vui schlechter,
ois im eigenen Bett.
Doch 's Essn is guad,
des muaß ma scho sagn
und de Ärzte, de kann ma
zweng allem befragn.

Seit Wochn duans dieses
und jenes probiern,
weil nix huift, duan's mi morgn
in da Früah operiern.
Mit a Chemotherapie
setzn's danach aa noch ein,
i moan hoit trotzallem,
es duad nia ganz aussichtslos sein!"

Gsund für mei Seele

Lang hat's dauert gestern Nacht,
deshoib bin i heut hundsmüad,
hab ned auf mei Gsundheit gacht,
hab ned drodenkt was ma blüaht.

Gessn, trunken, umtriebn, glacht
mir war's gleich was morgn is,
sich um gar nix Sorgen gmacht,
unvernünftig war des gwiß.

Im Magn rumort's, da Kopf duad weh,
rein körperlich bin i am Hund,
doch is mei Gmüat voi auf da Heh,
denn für mei Seele war des gesund!

D' Okarina
is "mei Schatzerl"

I spui a Blasinstrument,
des ma bei uns ned so kennt,
wia a Querflötn duad's sein,
doch einfach und klein,
aus Ton is gebrannt,
Okarina werd's gnannt.

Hat a'n ganz woachn Klang,
wia von a'm Vogei a Gsang,
a wahre Freid duad des sei,
wenn ihr Gsangl setzt ei,
zur Stubnmusi dazua
oder draußt in da Natua.

Sie klingt so fröhlich und heiter,
drum is mei ständiger Begleiter,
hat Platz auf engstem Raum
und ihr Gwicht spürt ma kaum.

I spui frisch auf in da Fruah,
mach a'n Triller dazua,
wia a Jodler, so klingt's,
wia a Oimliadl singt's,
in de Berg da duad's schalln
und des Echo zruckhalln.

Wenn da Tag werd dann staad
und se d' Sunn owedraht,
spui i langsam und leis
no a bsinnliche Weis.
Des gibt oam so vui
für's Herz und für's Gfui.

Für heit duad's gnuag sei,
i schiab's in Hosensack nei,
da is ihr angstammtes Platzerl,
mei Okarina is "mei Schatzerl"!

Zeit is Geld!
Oder is Zeit vielleicht "Lebn"?

"Time is money", Zeit is Geld,
der Spruch beherrscht heut unsre Welt.
Jeder hetzt nur nach dem Geld,
denn Geld is, was am meistn zählt.
Doch was nutzt des ganze Geld,
wenn zum "Lebn" de Zeit dir fehlt.
Nur Geld verdienen, Geld ausgebn!
Gnuag Zeit habn hoaßt - erst "richtig lebn"!

'S is ned nur's Geld, des wo zählt!

Wennst nix hast, ja na bist nix,
so ist's auf dera Welt!
Wennst nix bist, ja na kriagst nix,
am allerwenigstn a Geld!

Wennst nix hast, ja des macht nix,
's is ned nur's Geld, des wo zählt!
Des wo zählt, is de Liab,
de macht's erst schee unsre Welt!

Wenn Zweifel weichen

Ob i des ko?
Bin i dafür da richtig Mo?
Moanst, daß ma des überhaupt schafft?
Hab i den Muat dazua, hab i de Kraft?
Is des ned z'schwar, z'groß oder z'weit?
Is vielleicht jetzt ned de richtige Zeit?

Prüf, wäg ab und entscheid dich am End.
Pack a'n Stier bei de Hörner mit alle zwoa Händ.
An jedn Entschluß muaß ma zwar guad überdenkn,
doch laß di ned z'lang von Bedenkn nur lenkn.
Wenn de Zweifel deiner Entschlossenheit weichn,
kannst du oft amoi schier Unmöglichs erreichn.

◆◆◆

Christbaamkugl

Wia a reich verzierter Spiagl, der funkelt und glänzt,
hängt a Kugl am Christbaam, werd vom Lametta umkränzt.
De Kerzn helln den Spiagl mit mildem Liacht auf,
a Sternwerfer zaubert a Feierwerk drauf.
Ois glitzert und flimmert, möchst deine Augn kaum traun,
von allen Seitn kann man in den Spiagl neischaun.
Schaut ma nei, des heitere Gsicht siagt ma gern,
es leuchtn zwoa Augn wia am Himme de Stern.
Es spiagln sich Kinder, reichlich beschenkt
und glückliche Omas an de ma hat denkt.
Man siagt auch Familien einträchtig im Kreis,
sie singen gemeinsam a fröhliche Weis,
von Frieden, von Liebe, von der Heilign Nacht,
de uns Gottes Sohn hat als Retter gebracht.
De zerbrechlich Kugl is a bsunderes Stück,
sie spiaglt fast immer nur Friedn und Glück.
Vielleicht könnt ma de Zwietracht aus'm Leben verdrängen,
daad ma übroi statt a'n Spiagl a Christbaamkugl aufhängen!

Glaube, Liebe und Hoffnung im Advent

Advent,
's erste Liacht brennt.
Da Messias is kemma,
um de Schuid von uns z'nehma.
Aa wennst verlernt hast des Betn,
glab deim Gwissn und ned falschen Prophetn.
Du wirst sehn, daß des Guade nur siegt
und de Bosheit irgendwann unterliegt.

Advent,
's zwoate Liacht brennt.
Sing mit uns Gloria
und 's Halleluja.
Laß ausströmen Liab aus deim Herzen,
damit linderst du mancherlei Schmerzen.
De Liab, de du hast gegeben,
soi belohnt werdn mit ewigem Leben.

Advent,
's dritte Liacht brennt.
'S is de Welt ned verlorn,
denn Christ ist geborn.
Es hat heut öfter den Anschein,
ois werd de Menschheit verlorn sein.
Nur de Hoffnung gibt uns den Muat,
was zu ändern, daß werd wieder guad.

Advent,
's vierte Liacht brennt.
Mach dei Inners bereit,
's naht a bsundere Zeit.
Glauben, liaben und hoffen,
nur so steht des Lebn für uns offn.
Wer des in dene Tag ned erkennt,
für den is dunkel, trotz dem Liacht im Advent!

Deine Weihnachtsguatl san de Bestn!

Zwoa Oa schlagst du auf, a Pfund Mehl brauchst dazua,
dann Backpulver, Vanille und Zucker,
a paar Zuatatn nei, a Pris Salz, des is gnua,
verrührt werd des Ganze mit Butter.
Fest duchkneten duast du von Hand jetzt den Toag,
der schmeckat ja jetzt scho so fein,
doch ausgwoiglt werd er schee gleichmäßig stoak,
danach fettst du 's Backblech glei ein.
De ausgstochnen Formen, de legst du da drauf,
an Mond und de Ringerl und d' Stern,
des Backrohr, des hoatzt du kurz vorher scho auf,
schee temperiert duan de Guatln was werdn.

Wia fein das des riacht, a Duft broat sich aus,
nach Mandln, nach Nussn und Zimt,
wenns goidgelb san nimmst du's aus'm Ofn heraus,
probierst, ob aa wirklich oi's stimmt.
Danach werdn's verziert mit Sträußl und Guß
und zammabappt mit Marmelad,
am bestn duan's schmeckn, wenn's taucht werdn zum Schluß,
in a Schüssl voi gschmolzner Schoklad.

Jetzt lachen's oan o und verführn oan zum Schleckn,
de Kipferl, Zimtstern und d' Lebkuachn,
wia werdn Rumtörtchen, Spritzgebäck, Nußeckn schmeckn?
Alle Sortn duan mia versuachn.
A Konditor macht gwiß mit Crem und Marzipan,
mit Nugat und Trüffl beste Sachn,
doch Kundschaft wenn wissert, wia deine Weihnachtsguatl san
da daad er koa Gschäft nimma machn.

A Kinig ißt gwiß nur von allem des Best,
doch daad eahm desell oaner sagn,
wia fein deine Guatl duan schmeckn zum Fest,
er daad seine Köch glei verjagn.

Deine Guatl san Spitze, doch habn's aa oan Fehler,
sie hoitn sich wirklich ned lang,
obwoi du's versteckt hoitst im Speicher und Keller
und in da Komod draußt am Gang.
Werdn's bis Weihnachtn glanga? Dir werds scho ganz schia,
sie verschwindn klammheimlich und leis,
von uns war des koaner, mia daadn des nia,
i glab im Advent habn mia d' Mäus!

Christbaam-Brockn

oder vielleicht hoi i mei Tann
s' nachste Jahr beim Tengelmann

A paar Tag no bis Weihnacht,
etla moi hat's scho gschniebn,
höchste Zeit werd's für'n Christbaam,
mia is koa Ausred mehr bliebn.
Da Mond nimmt grad zua,
'S gibt a'n Woid a bsundere Kraft,
wennst jetzt schneidst a'n Christbaam,
dann bleibt er länger im Saft.

I woat bis auf d' Nacht werd
und de Dämmrung einbricht,
na schleich i aufe zum Hochwoid,
daß mi ja koaner sicht.
De Kältn is beißert,
da Schnaufer friert fast ein,
am Kanapee war's scheener,
doch was sein muaß, muaß sein.
I kunnt a'n Baam kafn
und brauchat koan stehln,
doch daad von da Weihnachtszeit
was Romantisches fehln.
Und wennst dann so siagst,
was d' Leut vom Gschäft so hoamtragn,
mit solchane Besen
duast grad 's Christkind vajagn.

So stapf i durch'n Neuschnee,
versink oft bis zum Bauch,
brock ma selber mei Baamei,
so wia's bei uns is da Brauch.
Tiaf verschniebn stengan s' da,
muaß an Stamm onestoußn
und de Asterl obeidln
und a'n Schnee abahousn.

So jetzt kann i'n oschaun,
doch der werd's no ned sein,
i moan bei dem Baamerl
is des Daxa no z'fein.

Beim Christbaam bin i hoakl,
da is ma nix z'dumm,
da oa is ma z'kloa
und der andere z'krumm.
Grad gwachsn waar de Tann,
de kred Größ hätt's aa ghabt,
doch a Asterl geht ihr ab,
drum hat's desmoi ned klappt.
Beim nachstn Baam wieder
is de Krone vui z'weit,
da Übernachst zoagt se,
is unt umme z'breit.
Schee grob is de Fichtn,
doch des is fast zum Fluachn,
da kimm i nia aufe,
muaß weiter no suachn.
Neba mir springt a Reh auf,
mei bin i jetzt dakemma,
hab gmoant 's is da Jaga,
wollt Reißaus scho nemma.

Allmählich werd's finster
und 's Gnack duad scho weh,
seit zwoa Stund renn i umma
an Kopf in da Heh.
Doch jetzt hab i Glück ghabt,
vo da Weitn siag i's scho,
der Wipfe, der ghört ma,
sofort geh i's o.
Steig aufe, schneidn oba,
voller Stoiz trag i'n hoam
und laß'n dawei
in da Hoizhüttn loan.

Zum Okranzn hoi'n
am Heil'g Abend raus,
wia i'n oschau, da kimmt ma
auf oamoi da Graus.
Wo hab i blos higschaut,
is so finster scho gwesn?
Mei Frau sagt's jetzt a,
"des is da vielleicht a Besn"!
Da Stamm is leicht krumm
und a Asterl des fehlt,
de Krone is z'weit
und des Daxa is gelb.
Daß ma's ned a so siagt,
habn ma'n in a Eck einezwängt,
vui Lametta und Kugln
und Guatln hinghängt.
Da steht er und glänzt
und i denk ganz vastoin,
's nachste Jahr werd i'n Christbaam
beim Tengelmann hoin.

A guader Vorsatz für Sylvester

Jeds Jahr an Sylvester
werdn guade Vorsätze gfaßt,
damit man sich im Alltag
ned gar so gehn laßt.
Doch scho an Neujahr
san de Vorsätz dahin,
an Kirchgang laßt ma ausfoin,
in da Wirtschaft sitzt ma drin.
Am Stammtisch werkt ma um,
trinkt Wein und trinkt Bier,
bei da Kellnerin jagt ma
in a'm fremden Revier.
Beim Kartnspuin schwindln,
dazua Schnupfn und Rauchn.
Für was duad ma eigentlich
Vorsätze brauchn?

Man nimmt sich vui z'vui Guads vor,
doch boid nervt oan de Sach,
denn der Geist ist zwar willig,
doch des Fleisch, des is schwach.
Drum beschränk i mi auf oan Vorsatz,
weil ma den ned so leicht bricht,
i nimm ma vor, daß i ab heut
auf guade Vorsätz verzicht!

◆ ◆ ◆

De Verserl san aus,
a kloaner Applaus
von eich
waar Freid und Ansporn zugleich!